〈仏事 日常勤行〉

抄訳 佛説観無量寿経

目次

抄訳 佛説観無量寿経

抄訳　佛説観無量寿経

三奉請

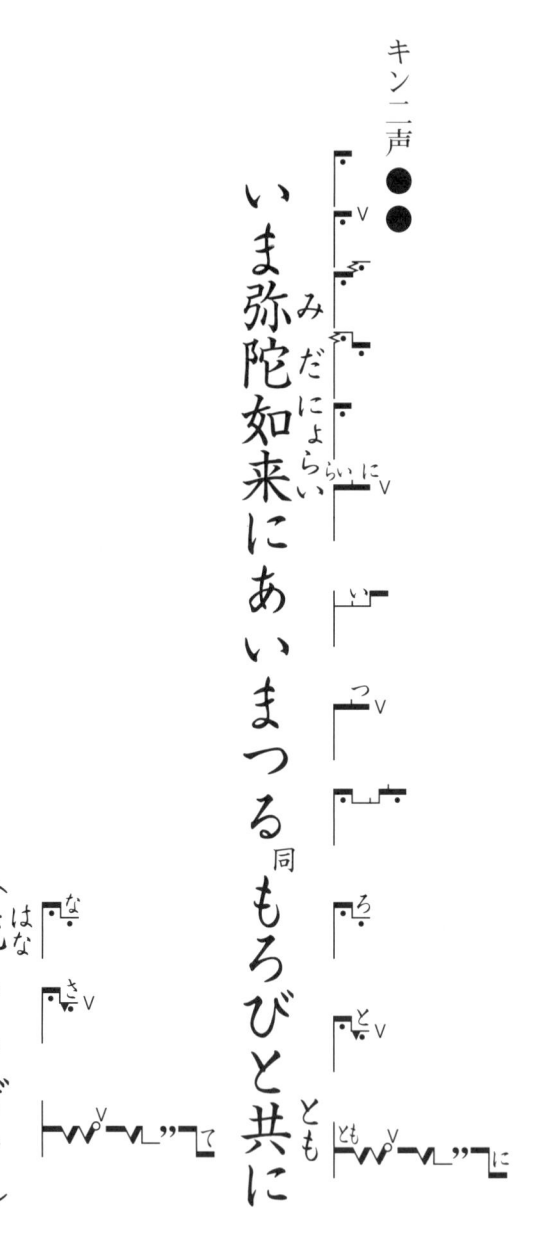

キン二声 ●●

いま弥陀如来《みだにょらい》にあいまつる 同 もろびと共《とも》に

（花《はな》ささげて）

いま釈迦如来《しゃかにょらい》にあいまつる同もろびと共《とも》に

（花《はな》ささげて）

いま十方如来《じっぽうにょらい》にあいまつる同もろびと共《とも》に

（花《はな》ささげて）

キン一声●

礼讃文①〔文語〕

自《みずか》ら仏《ぶつ》に帰依《きえ》したてまつる。
まさに願《ねが》わくは　衆生《しゅじょう》と共《とも》に
大道《だいどう》を体解《たいげ》して
　無上意《むじょうい》を発《おこ》さん。
自ら法《ほう》に帰依したてまつる。
まさに願わくは　衆生と共に
深く経蔵《きょうぞう》に入りて
　智慧　海のごとくならん。
自ら僧《そう》に帰依したてまつる。
まさに願わくは　衆生と共に
大衆《だいしゅ》を統理《とうり》して
　一切無礙《むげ》ならん。

本日ここに
〈　　　〉にあたり、
うやうやしく仏前を荘厳《しょうごん》し
懇《ねんご》ろに聖教《しょうぎょう》を拝読して
広大の仏恩《ぶっとん》を謝しまつる。
南無阿弥陀仏《なもあみだぶつ》
南無阿弥陀仏
南無阿弥陀仏
　キン一声●

礼讃文①〈口語〉

謹《つつし》んで　み仏《ほとけ》に帰依《きえ》し奉《たてまつ》る。
願わくは　もろ人とともに
み仏の道を学んで
　悟りの道を志《こころざ》しますことを。
謹んで　み法《おしえ》に帰依し奉る。
願わくは　もろ人とともに
深くみ教えを学んで
　大きな智慧を得ますことを。
謹んで　み法《おしえ》の集《つど》いに
　帰依し奉る。
願わくは　もろ人とともに
手を携《たずさ》えて
　浄土に生まれますように。
今日、ここに
〈　　　〉にあたり、
うやうやしく
　み仏に香華《こうげ》を供《そな》え、
経典を拝読して、
み仏の御恩に感謝を捧げます。
南無阿弥陀仏《なもあみだぶつ》
南無阿弥陀仏
南無阿弥陀仏
　キン一声●

礼讃文②〔文語〕

我等、いま
幸いに
み仏《ほとけ》の導きによって
尊きみ法《のり》に値《あ》い
念仏もろともに
心ゆたかに日々《にちにち》を送る。
本日ここに
〈　　　〉にあたり、
うやうやしく仏前を荘厳《しょうごん》し
懇《ねんご》ろに経典を読誦《どくじゅ》して
広大の仏恩《ぶっとん》を謝し奉《たてまつ》る。

願わくは
もろ人ともに、
深くみ仏の恵《めぐ》みを謝しつつ
強く正しく生きぬかんことを。
南無阿弥陀仏《なもあみだぶつ》
南無阿弥陀仏
南無阿弥陀仏
キン一声●

礼讃文②〔口語〕

私たちは　今、
み仏の導きによって
　尊いみ教えに値《あ》い、
念仏もろともに
心ゆたかに毎日を
　送っております。
今日ここに
〈　　　　〉にあたり、
美しく飾られたお仏壇の前で
心をこめて経典を拝読し、
み仏の恵《めぐ》みに深い感謝の心を

　表明いたします。
何とぞ
すべての人々が　手を携《たずさ》え
み仏の教えを仰ぎつつ
強く正しく生きぬきますように。
南無阿弥陀仏《なもあみだぶつ》
南無阿弥陀仏
南無阿弥陀仏
　キン一声●

抄訳 観無量寿経① 〔序分〕

仏説《ぶっせつ》観《かん》無量寿経《むりょうじゅきょう》

1

今《いま》を去《さ》ることその昔《むかし》

同

釈迦牟尼仏《しゃかむにぶつ》は天竺《てんじく》の

耆闍崛山《ぎしゃくっせん》にましまして

あまたの弟子《でし》を率《ひき》います

2

その時《とき》　王舎《おうしゃ》　大城《だいじょう》に

阿闍世《あじゃせ》と名乗《なの》る　太子《たいし》あり

父《ちち》の頻婆《びんば》　娑羅《しゃら》王《おう》を

捕《とら》えて牢《ろう》に　閉《と》じこめぬ

3

韋提希夫人《いだいけぶにん》　憂《うれ》いては
身体《からだ》に酥蜜《そみつ》　ぬりこめて
密《ひそ》かに王《おう》に　たてまつる
王《おう》は生命《いのち》を　保《たも》ちつつ

4

遥《はる》か耆闍崛《ぎしゃくつ》山《せん》に在《ま》す

釈迦牟尼仏《しゃかむにぶつ》に請《こ》いまつる

「目連尊者《もくれんそんじゃ》を遣《つか》わして

我《われ》に教《おし》えを垂《た》れしめよ」

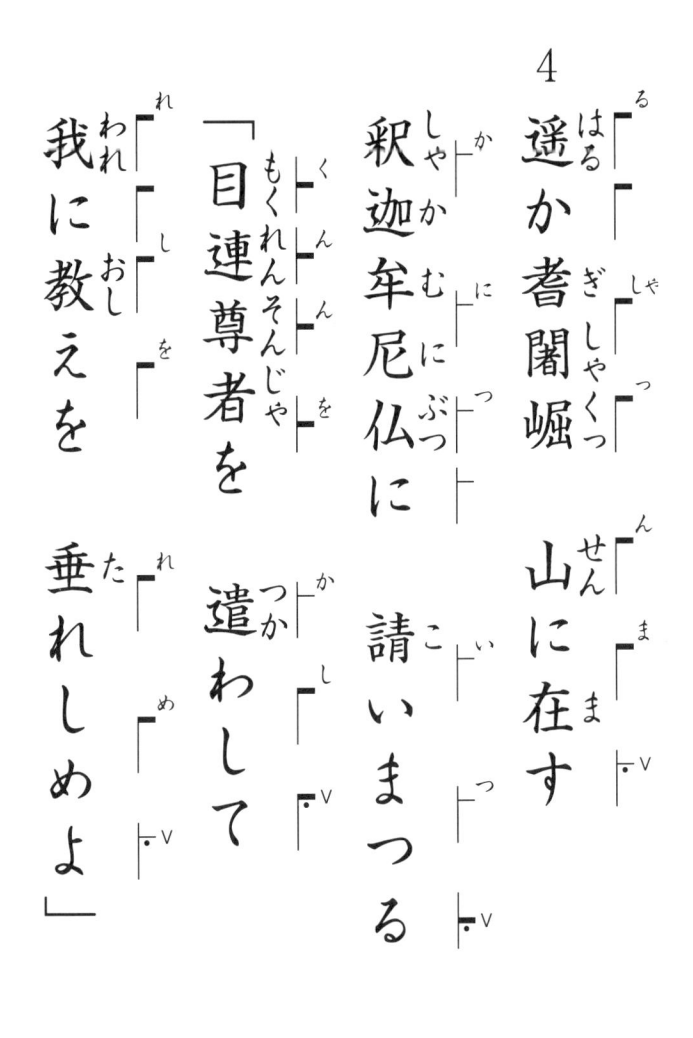

5

仏《ぶつ》は目連《もくれん》のみならず
富楼那《ふるな》も牢《ろう》に遣《つか》わして
尊《とうと》きみ法《のり》聴《き》かせます
王《おう》の悦《よろこ》び限《かぎ》り無《な》し

6

阿闍《あじゃ》世《せ》は母《はは》を　怒《いか》りつつ
剣《つるぎ》をとりて　害《がい》せんと
せしに　人《ひと》びと　遮《と》めたれば
韋提《いだい》も牢《ろう》に　つなぎたり

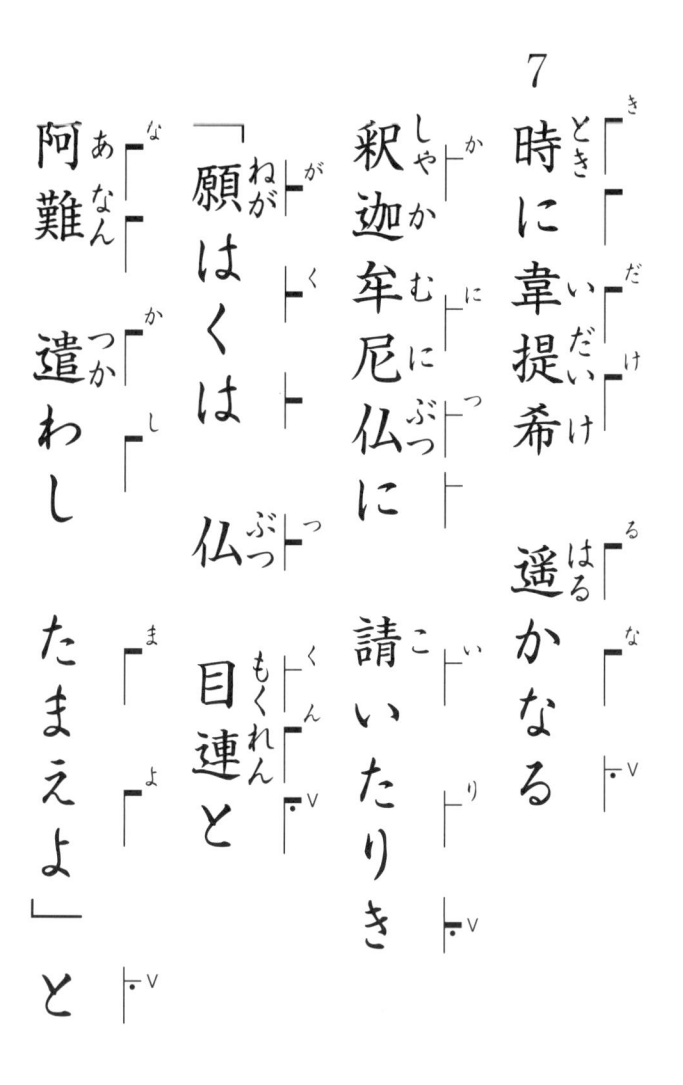

7

時《とき》に韋提希《いだいけ》　遥《はる》かなる

釈迦牟尼仏《しゃかむにぶつ》に　請《こ》いたりき

「願《ねが》はくは　仏《ぶつ》　目連《もくれん》と

阿難《あなん》　遣《つか》わし　たまえよ」と

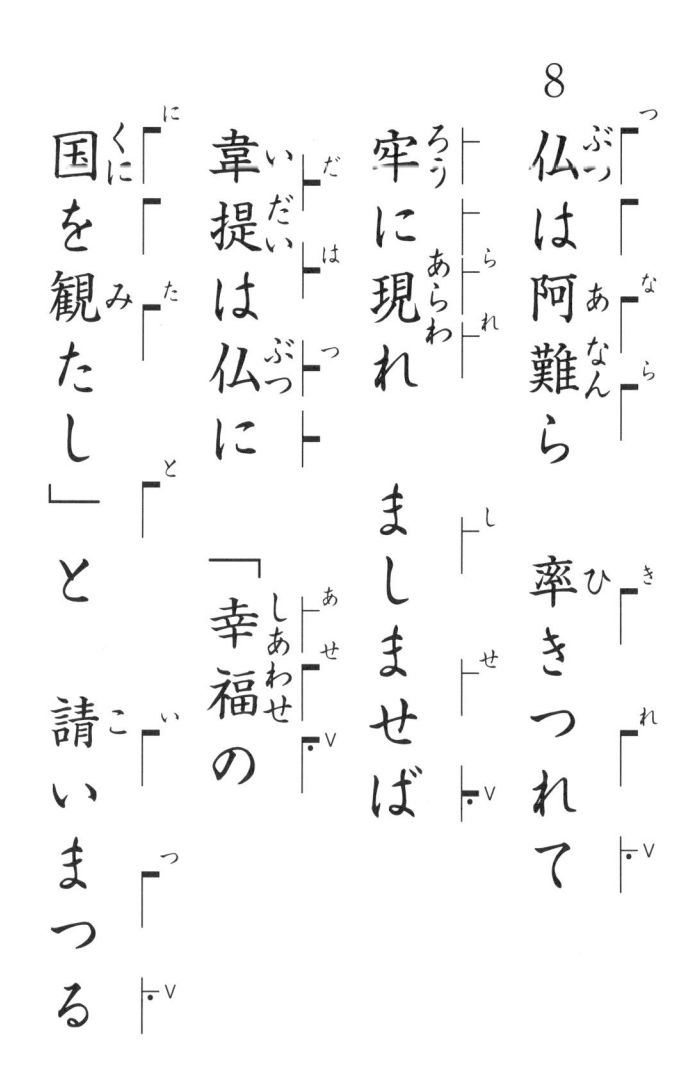

8

仏《ぶつ》は阿難《あなん》ら　率《ひ》きつれて

牢《ろう》に現《あらわ》れ　ましませば

韋提《いだい》は仏《ぶつ》に「幸福《しあわせ》の

国《くに》を観《み》たし」と　請《こ》いまつる

9

時《とき》に　仏《ほとけ》は　眉間《みけん》より

光《ひかり》　放《はな》ちて　十方《じっぽう》の

世界《せかい》を照《て》らし　たまいけり

韋提《いだい》　喜《よろこ》び　限《かぎ》り無《な》く

10 重《かさ》ねて仏《ぶつ》に 申《もう》しにき
「諸仏《しょぶつ》の国《くに》は 清《きよ》けれど
わけて極楽《ごくらく》 すぐれたり
生《うま》るる道《みち》を 説《と》きたまえ」

11

仏《ぶっ》は韋提《いだい》に　説《と》きたまう

「弥陀《みだ》の世界《せかい》は　遠《とお》からず

浄土《じょうど》を願《ねが》う　人《ひと》はみな

三《みっ》つのことを　行《おこな》え」と

12

「一《ひと》つ　父母《ふぼ》に　孝《こう》つくせ

師長《しちょう》に仕《つか》え　あわれみの

心《こころ》をもちて　不殺生《ふせっしょう》

十善業《じゅうぜんごう》を　修《おさ》むべし

13

二《ふた》つ　仏法《ぶっぽう》　僧《そう》あがめ
身《み》を正《ただ》しつつ　世《よ》を送《おく》り
三《みっ》つ　深《ふか》く　因縁《いんねん》の
道理《どうり》を知《し》りて　法《のり》を聴《き》け

ユルク

14 汝《なんじ》知《し》るべし　この道《みち》は
三《さん》世《ぜ》諸《しょ》仏《ぶつ》の　歩《あゆ》まるる
仏《ぶつ》の道《みち》なり　諸《もろ》人《びと》も
ともにこの道《みち》　歩《あゆ》むべし」

キン一声●

念仏

南《な》無《も》阿《あ》弥《み》陀《だん》佛《ぶ》

南《な》無《も》阿《あ》弥《み》陀《だん》佛《ぶ》

同

南《な》無《も》阿《あ》弥《み》陀《だん》佛《ぶ》

南《な》無《も》阿《あ》弥《み》陀《だん》佛《ぶ》

南《な》

和讃

恩徳広大《おんどくこうだい》 釈迦如来《しゃかにょらい》

同

韋提夫人《いだいぶにん》に 勅《ちょく》してぞ

光台現国《こうだいげんごく》の そのなかに

安楽世界《あんらくせかい》を えらばしむ

大聖《だいしょう》おのおの　もろともに
同
凡愚底下《ぼんぐていげ》の　つみひとを
逆悪《ぎゃくあく》もらさぬ　誓願《せいがん》に
方便引入《ほうべんいんにゅう》せしめけり

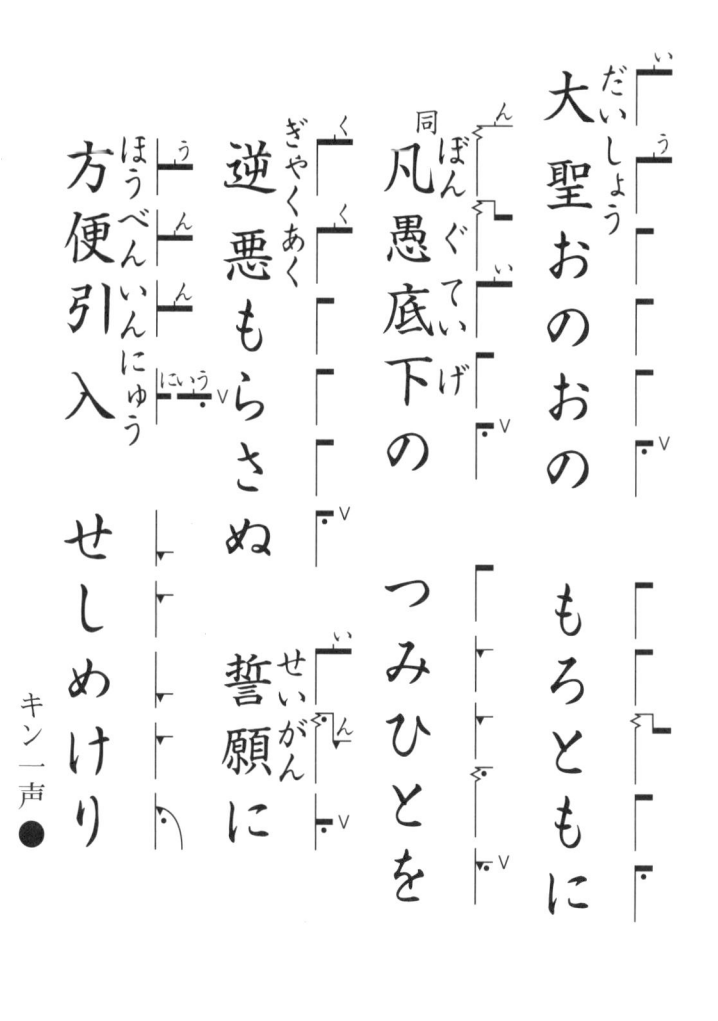

キン一声●

抄訳 観無量寿経②〔定善十三観〕

1 仏《ぶつ》は阿難《あなん》と韋提希《いだいけ》に

同 いとねんごろに説《と》きたまう

「諦《あきら》かに聴《き》け 諦《あきら》かに

深《ふか》く心《こころ》にとどむべし

2

われ今《いま》　未来《みらい》　五濁世《ごじょくせ》の

生《い》きとし生《い》くる　もののため

浄土《じょうど》に生《うま》るる　道《みち》しめし

限《かぎ》り無《な》き幸福《さち》　与《あた》うべし

3

まず第一《だいいち》に　心《こころ》をば
ひたすら西《にし》に　沈《しず》む日《ひ》に
向《む》けよ西《にし》にぞ　み仏《ほとけ》の
極楽《ごくらく》世界《せかい》　ませばなる

（初観日想観）

4

次《つぎ》に　澄《す》み切《き》る　水想《みずおも》い

氷《こおり》と瑠《る》璃《り》の　想《そう》を作《な》せ

瑠《る》璃《り》の世《せ》界《かい》は　輝《かがや》きて

風《かぜ》は　み法《のり》を　奏《かな》ずなり

（第二・三観）

5
次《つぎ》に　宝樹《ほうじゅ》を　観《かん》ずべし
無数《むすう》の樹木《きぎ》は　妙《たえ》にして
幹《みき》も枝葉《えだは》も　華《はな》も実《み》も
その美《うつく》しさ　量《はか》り無《な》し

（第四観）

6

蓮華《はちす》の池《いけ》の　清《きよ》き水《みず》
分《わ》かれてあまたの　川《かわ》となり
常《つね》に　み法《のり》を　説《と》きたれば
鳥《とり》も三宝《さんぼう》　ほめまつる

（第五観）

7

また此《こ》の国《くに》の　限《かぎ》り無《な》き

宝《たから》の宮殿《みや》の　中《なか》よりぞ

天《てん》の音曲《しらべ》の　流《なが》れ出《い》で

念仏《ねんぶつ》せよと　説《と》けるなり」

（第六観）

8 この時《とき》　空中《そら》に　弥陀仏《みだぶつ》は

観音《かんのん》　勢至《せいし》と　立《た》ちたまう

韋提《いだい》は仏《ぶつ》に　請《こ》いまつる

「未来《みらい》の人《ひと》にも　見《み》せしめよ」

（住立空中尊）

9

釈迦《しゃか》は韋提《いだい》に　答《こた》えます

「汝《なんじ》ら　弥陀《みだ》を　見《み》んとせば

妙《たえ》なる蓮華《はす》の　台《うてな》　見《み》よ

かくて無量《むりょう》の　罪《つみ》消《き》えん

（第七観①）

10 蓮《はちす》の花《はな》は　とりどりの
色《いろ》と光《ひかり》と　交《まじ》われり
無数《むすう》の摩尼《まに》と　金剛《こんごう》と
真珠《しんじゅ》の飾《かざ》り　満《み》ちみてり

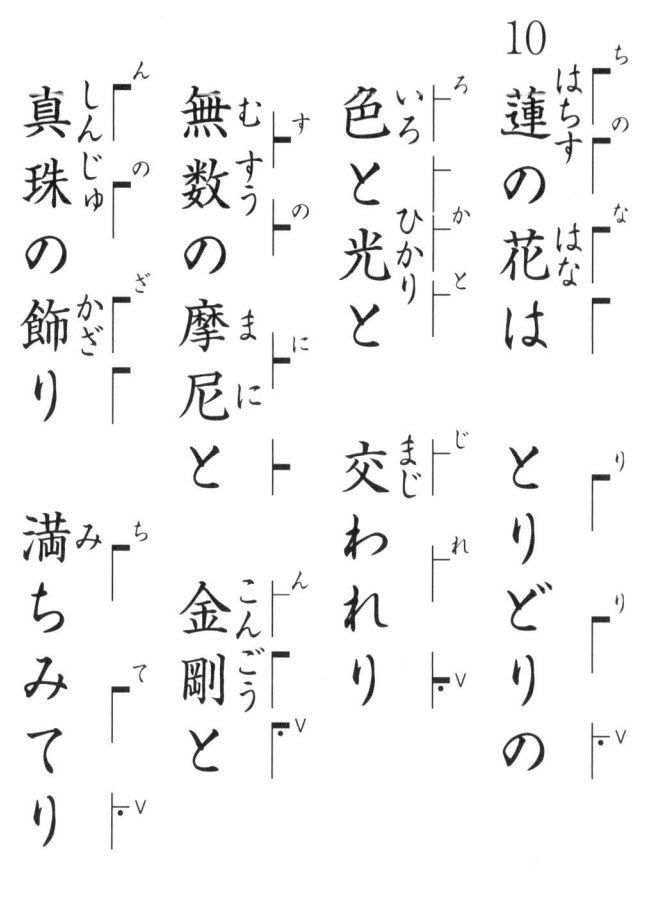

（第七観②）

11

次《つぎ》に　み仏《ほとけ》　想《おも》うべし

その時《とき》　仏《ぶつ》は　一切《いっさい》の

衆生《しゅじょう》の心《こころ》に　入《い》りたまい

衆生《しゅじょう》の心《こころ》　仏《ぶつ》と作《な》る

（第八観①）

12

金色《こんじき》の弥陀《みだ》　観音《かんのん》と

勢至《せいし》したがえ　蓮華《はす》に座《ざ》す

水流《みず》も宝樹《ほうじゅ》も　妙鳥《みょうちょう》も

ともに　み法《のり》を　説《と》けるなり

（第八観②）

13

また金色《こんじき》の　弥陀如来《みだにょらい》
身《み》より　光明《みひかり》　放《はな》たしめ
十方世界《じっぽうせかい》を　照《て》らしつつ
念仏《ねんぶつ》の人《ひと》　救《すく》うべし

（第九観①）

14

彼《か》のみ仏《ほとけ》は　円光《えんこう》に

無数《むすう》の化仏《けぶつ》　おわします

白毫《びゃくごう》さながら　五須弥山《やま》のごと

眼《まなこ》は四大海水《うみ》に　さも似《に》たり

（第九観②）

15
観音菩薩《かんのんぼさつ》は　弥陀仏《みだぶつ》の
左《ひだり》にありて　輝《かがや》けり
弥陀《みだ》の　み姿《すがた》　天冠《かんむり》の
中《なか》に戴《いただ》き　たまうなり

（第十観）

16
勢至菩薩《せいしぼさつ》は　弥陀仏《みだぶつ》の
右《みぎ》に侍《はべ》りて　世《よ》を照《て》らし
宝《たから》の瓶《つぼ》を　天冠《かんむり》の
中《なか》に戴《いただ》き　たまうなり

（第十一観）

17

かくて極楽《ごくらく》世界《せかい》にぞ

自《みずか》ら蓮《はす》の花《はな》の中《なか》

生《うま》れて更《さら》に仏《ぶっ》・菩薩《ぼさつ》

虚空《こくう》に満《み》つる相状《さま》想《おも》え

（第十二観）

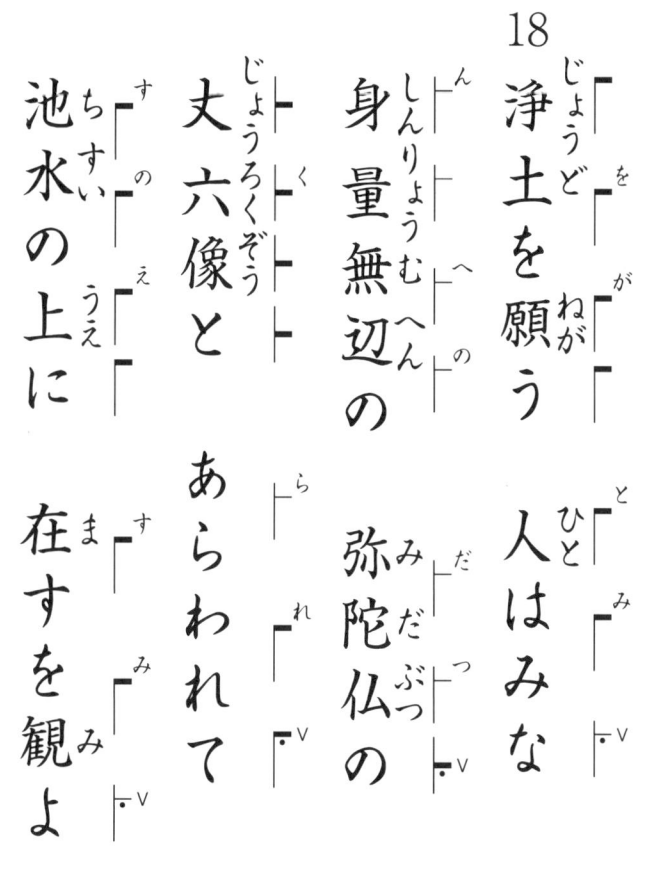

18

浄土《じょうど》を願《ねが》う　人《ひと》はみな

身量無辺《しんりょうむへん》の　弥陀仏《みだぶつ》の

丈六像《じょうろくぞう》と　あらわれて

池水《ちすい》の上《うえ》に　在《ま》すを観《み》よ

（第十三観①）

19

神通如意《じんずうにょい》の　弥陀仏《みだぶつ》は

大身《だいしん》・小身《しょうしん》　自在《じざい》なり

身量無辺《しんりょうむへん》の　仏《ぶつ》にては

凡夫《ぼんぶ》　見《み》ること　かなわねど

（第十三観②）

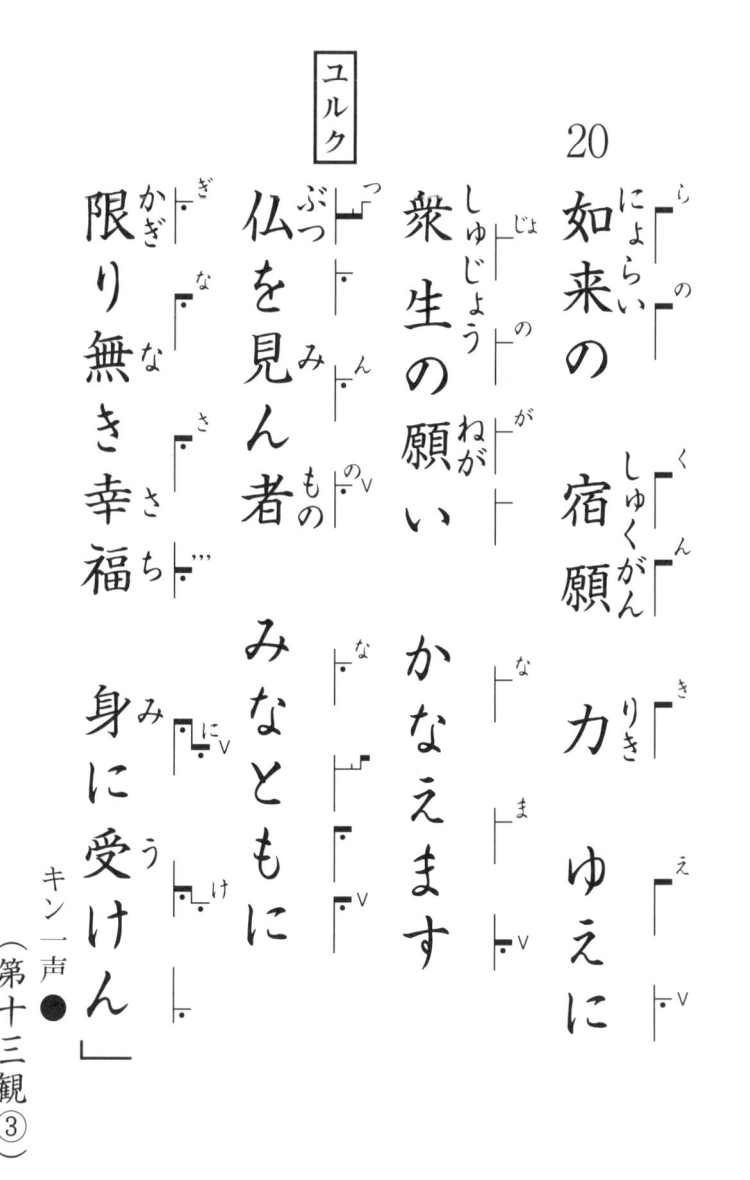

20　如来《にょらい》の　宿願《しゅくがん》力《りき》　ゆえに
衆生《しゅじょう》の願《ねが》い　かなえます

ユルク

仏《ぶつ》を見《み》ん者《もの》　みなともに
限《かぎ》り無《な》き幸福《さち》　身《み》に受《う》けん」

キン一声●
（第十三観③）

念仏

南《な》無《も》阿《あ》弥《み》陀《だん》佛《ぶ》

南《な》無《も》阿《あ》弥《み》陀《だん》佛《ぶ》

同

南《な》無《も》阿《あ》弥《み》陀《だん》佛《ぶ》

南《な》無《も》阿《あ》弥《み》陀《だん》佛《ぶ》

南《な》

和　讃

安楽仏土《あんらくぶつど》の　依正《えしょう》は

同　法蔵願力《ほうぞうがんりき》の　なせるなり

天上天下《てんじょうてんげ》に　たぐひなし

大心力《だいしんりき》を　帰命《きみょう》せよ

安楽国土《あんらっこくど》の　荘厳《しょうごん》は

同

釈迦無碍《しゃかむげ》の　みことにて

とくともつきじと　のべたまふ

無称仏《むしょうぶつ》を　帰命《きみょう》せよ

キン一声●

抄訳 観無量寿経③〈九品以下終りまで〉

1

仏《ぶつ》は阿難《あなん》と　韋提希《いだいけ》に

同

三種《さんしゅ》九品《くぼん》の　人《ひと》びとの

別《べっ》を示《しめ》して　極楽《ごくらく》に

生《うま》るる道《みち》を　説《と》かれたり

2

「一《ひと》つ　至誠《まこと》の　心《こころ》もて

二《ふた》つ　深《ふか》く　信《しん》ずべし

三《みっ》つ　ひたすら　浄土《じょうど》をば

願《ねが》え」と仏《ぶつ》は　宣《の》べたまう

（三心）

3

「上品上《じょうぼんじょう》の　人《ひと》はみな

やさしき心《こころ》　もつゆえに

殺生《せっしょう》つつしみ　自《みずか》らの

行《おこな》い清《きよ》く　生《い》き行《ゆ》かん

（上品上生①）

4

また大乗《だいじょう》の　経典《きょう》を読《よ》み

念仏《ねんぶつ》　念法《ねんぽう》　念僧《ねんそう》ら

六《むっ》つの心《こころ》　持《たも》ちつつ

浄土《じょうど》に生《うま》るる　身《み》を願《ねが》え

（上品上生②）

5　この人《ひと》　寿命《いのち》　終《おわ》るとき

即《すなわ》ち弥陀《みだ》の　迎摂《むかえ》あり

金剛台《こんごうだい》に　乗せられて

仏《ほとけ》の国《くに》に　生《うま》るべし

（上品上生③）

6

経典《きょう》は読《よ》まねど　法《のり》を聴《き》き

深《ふか》く　み教《おし》え　信《しん》ずれば

紫金《しこん》の台《うてな》に　乗《じょう》じてぞ

極楽国《ごくらっこく》に　生《うま》るべき

（上品中生）

7
仏《ほとけ》の国《くに》を　願《ねが》求う人《ひと》
蓮華《はちす》の花《はな》に　運《はこ》ばれて
浄土《じょうど》に生《うま》れ　仏法《ぶっぽう》を
聴《き》く幸福《しあわせ》を　受《う》くるなり

（上品下生）

8

五戒《ごかい》　八齋《はっさい》　戒《かい》持《たも》ち
悪《あく》を離《はな》るる　人《ひと》びとも
寿命《いのち》終《おわ》れば　弥陀《みだ》迎摂《むか》え
仏《ほとけ》の国《くに》に　生《うま》るるぞ

（中品上生）

9

一日《いちにち》たりと　具足戒《ぐそくかい》

持《たも》たば　寿命《いのち》尽《つ》くるとき

弥陀《みだ》は迎摂《むか》えて　この人《ひと》も

浄土《じょうど》に生《うま》るる　幸福《さち》を得《え》ん

（中品中生）

10

父母《ふぼ》に仕《つか》えて　世《よ》のために

身《み》を捧《ささ》げつつ　仏法《みのり》聞《き》き

寿命《いのち》を終《お》えん　人《ひと》はみな

仏《ほとけ》の国《くに》に　生《うま》るべし

（中品下生）

11

数多《あまた》の悪《あく》を　作《つく》る人《ひと》

命終《みょうじゅ》にあたり　善知識《ぜんぢしき》

教《おし》えて念仏《ねんぶつ》　称《とな》えしむ

この人《ひと》もまた　往生《おうじょう》す

（下品上生）

12

戒律《かいりつ》犯《おか》し　物盗《ものぬす》み

悪《あく》を重《かさ》ねし　人《ひと》でさえ

弥陀《みだ》の心《こころ》に　遇《あ》いぬれば

寿命《いのち》終《おわ》りて　往生《おうじょう》す

（下品中生）

13 極重悪《ごくじゅうあく》の 者《もの》とても
善《よ》き友《ひと》すすむ 念仏《ねんぶつ》を
称《とな》うれば 罪《つみ》消《き》え去《さ》りて
仏《ほとけ》の国《くに》に 生《うま》るべし」

（下品下生）

14

釈迦牟尼仏《しゃかむにぶつ》は　かくのごと

説《と》きたまう時《とき》　韋提希《いだいけ》も

数多《あまた》の人《ひと》も　極楽《ごくらく》の

荘厳《すがた》を拝《おが》み　たてまつる

（得益分）

15

仏《ぶつ》は阿難《あなん》に 説《と》きたまう

「汝《なんじ》 よく この 語《ご》を持《たも》て

この語《ご》とは それ 念仏《ねんぶつ》ぞ

仏《ほとけ》のみ名《な》を 称《とな》えよ」と

（流通分）

16

この聖経《みおしえ》を　説《と》き終《お》えて

仏《ぶつ》　霊山《りょうぜん》に　還《かえ》ります

ユルク

無量《むりょう》の諸天《しょてん》　龍《りゅう》　夜叉《やしゃ》も

法《のり》の悦《よろこ》び　限《かぎ》り無《な》し

キン一声●

（耆闍分）

念仏

南《な》無《も》阿《あ》弥《み》陀《だん》佛《ぶ》

同

南《な》無《も》阿《あ》弥《み》陀《だん》佛《ぶ》

南《な》無《も》阿《あ》弥《み》陀《だん》佛《ぶ》

南《な》無《も》阿《あ》弥《み》陀《だん》佛《ぶ》

南《な》

和　讃

弘誓《ぐぜい》のちからを　かぶらずは

同　いづれのときにか　娑婆《しゃば》をいでん

仏恩《ぶっとん》ふかく　おもひつつ

つねに弥陀《みだ》を　念《ねん》ずべし

娑婆《しゃば》永劫《ようごう》の　苦《く》をすてて

同

浄土無為《じょうどむい》を　期《ご》すること

本師釈迦《ほんししゃか》の　ちからなり

長時《じょうじ》に慈恩《じおん》を　報《ほう》ずべし

キン一声●

回向句

ほとけのみ名《な》を　聞《き》きひらき

同

こよなき信《しん》を　めぐまれて

よろこぶこころ　身《み》に得《う》れば

さとりかならず　さだまらん

キン三声 ● ● ●

用語解説

三奉請　（二頁）

三奉請《さんぶじょう》　善導大師の『法事讃』（二巻）の中に出てくる。この場にお入りくださいと仏さまにお願いすること。

弥陀如来《みだにょらい》　阿弥陀如来のこと。阿弥陀仏ともいう。また、無量寿仏《むりょうじゅぶつ》、無量光仏《むりょうこうぶつ》ともいう。

すべての人を救うために、悟りを開いて極楽浄土を作られた。

釈迦如来《しゃかにょらい》　二千五百年前に、インドでお生まれになって仏教を説かれた仏。

十方如来《じっぽうにょらい》　東西南北と四隅と上下の十方の方角におられる仏。たくさんの仏。

礼讃文　（四頁）

礼讃文《らいさんもん》　読経に先立って、み仏やみ教えを讃えて申し述べる言葉。

抄訳 観無量寿経 ①　（八頁）

［1］（八頁）

釈迦牟尼仏《しゃかむにぶつ》　釈迦如来のこと。牟尼とは

「聖者《しょうじゃ》」のこと。

天竺《てんじく》　今のインドのこと。

耆闍崛山《ぎしゃくっせん》　インドの東部にあった王舎城《おうしゃじょう》の近くにある山。グリドラ・クータ、あるいはギッジャ・クータ。グリドラ、ギッジャは鷲、クータは山、峰の意味。従って、鷲の山という意味で、霊鷲山《りょうじゅせん》ともいう。頂上の岩が鷲の形に似ている。近くに、死体捨て場があったらしく、その死体をねらって鷲が集まってきたとも言われる。

［2］（九頁）

王舎大城《おうしゃだいじょう》　一般に王舎城という。インドの東、現在のビハール州ラジギルにあった城。お釈迦様の時代にあったマガダ国という大国の都。昔の名前はラージャ・グリハ、あるいはラージャ・ガハといった。ラージャというのは王様。グリハ、あるいはガハは家（舎）。

阿闍世《あじゃせ》　頻婆娑羅王《びんばしゃらおう》と韋提希夫人《いだいけぶにん》の間に生まれた太子。王位をねらって、父王を殺し、母をも牢屋に閉じこめた。

頻婆娑羅王《びんばしゃらおう》　マガダ国の王様。阿闍世に殺された。

［3］（一〇頁）

韋提希夫人《いだいけぶにん》　頻婆娑羅王の妃で、阿闍世の母親。

酥蜜《そみつ》　酥とは牛乳から作った、ヨーグルトに似た食べ物。酥蜜とは酥に蜂蜜を加えた食べ物。

[4]（一一頁）
目連尊者《もくれんそんじゃ》　摩訶目犍連《まかもっけんれん》。お釈迦様の高弟の一人。あるいは大目犍連《だいもっけんれん》。神通力《じんずうりき》にすぐれ、餓鬼道《がきどう》に落ちた母親の姿を見て、その母を救うためにはどうすればいいかとお釈迦様にたずねた。お釈迦様は、雨期の三カ月の修行が終った日に、一切の僧侶たちに、供養せよと教えられた。これが、お盆の始まりだと言われている。

[5]（一二頁）
富楼那《ふるな》　お釈迦様の高弟の一人。説法が非常に上手であったと言われている。

[7]（一四頁）
阿難《あなん》　お釈迦様の高弟の一人。お釈迦様の従弟。お釈迦様が五十五歳のときから八十歳で亡くなられるまで、いつもお釈迦様の側にいて、お釈迦様につかえ、教えを聞いた。心が優しく美男子であったと言われる。

[10]（一七頁）
極楽《ごくらく》　阿弥陀如来が作られた仏の国（浄土）。安楽国《あんらっこく》。安養国《あんにょうこく》ともいう。

[11]（一八頁）
浄土《じょうど》　仏の国のこと。人間の世界を穢土《えど》という。浄《きよ》らかな世界。

[12]（一九頁）
師長《しちょう》 先生とか、年長者など。目上の人。

十善業《じゅうぜんごう》 殺さない、盗まない、嘘をつかないなど、十の善い行いのこと。

[13]（二〇頁）
因縁《いんねん》 すべての事物が、無数の原因とか縁によって、生まれたり滅んだりするという、仏教の根本的な教え。

道理《どうり》 真理のこと。

[14]（二一頁）
三世《さんぜ》 過去・現在・未来のこと。

和讃 （二三頁）

和讃《わさん》 平安中期まで貴族階級を中心に流行した、神前に奏される歌舞に由来する宮廷歌謡＝神楽《かぐら》や、上代からの民謡に、笏拍子《しゃくびょうし》を打って和琴《わごん》や笛などの伴奏を用いた催馬楽《さいばら》（＝昔風・古様）に対して、平安時代後期には七五調（または八五調）四行を基本とした俗謡《ぞくよう》が流行した。これを今様歌《いまようか》、略して今様という。今様は小鼓《こづつみ》を叩きながら、一行を一息で歌う。今様の集成として、後白河《ごしらかわ》上皇（一一二七～一一九二。ただし、天皇在位一一五五～一一五八。退位ののち上皇となり、一一六九年に出家して法皇となられた）の編集による『梁塵秘抄《りょうじんひしょう》』が有名。親鸞聖人は、御主著『教行信証《きょうぎょうしんしょう》』完成の後、七十五、六歳ごろ以後に、今様形式によって『浄土和讃《じょうどわさん》』『高僧和讃《こうそう》』『正像末和讃《しょうぞうまつ》』その他、合計約五百首の和讃（日本語による仏徳などの讃歎《さんだん》の詩）を、お作りになった。聖人の和讃御製作は、難解な御法義を、一般民衆でも、日常生活の中で、これを口ずさむことによって、容易に理解し、身につけることができるようにとの御配慮だったと拝察される。

恩徳広大《おんどくこうだい》……　「お釈迦さまの恩徳は広大である。韋提希夫人に命じて、浄土の姿を見たいと願わしめ、眉間《みけん》の白毫《びゃくごう》（七六頁「白毫」の項を見よ）から光明を放って十方世界を照らし、それが返ってきて釈迦如来の頂《いただき》に止まって光の台《うてな》となり、その中に十方の諸仏の浄土を現された。これを見た韋提希夫人は、諸仏の国の中、とくにすぐれた阿弥陀如来の極楽浄土に生れたいと願った」

（『浄土和讃』「観経和讃」第二）

韋提夫人《いだいぶにん》　韋提希夫人のこと（六九頁下段を見よ）。

光台現国《こうだいげんごく》　光の台の中に現された諸仏の国。

安楽世界《あんらくせかい》　阿弥陀如来の極楽浄土のこと。

大聖《だいしょう》おのおのもろともに……　「聖者たちが、それぞれの姿になって、凡愚底下《ぼんぐていげ》の罪人（韋提希は懐妊中の一子・阿闍世を殺さんとした）や、十悪五逆《じゅうあくごぎゃく》の罪人をも、残らず救済せんとの誓願によって、救いの光の中に引き入れたもうた」

（『浄土和讃』「観経和讃」第七）

大聖《だいしょう》　すぐれた聖者たち。親鸞聖人は、阿弥陀如来、釈迦如来だけではなく、雨《う》行《ぎょう》大臣や阿闍世王までもが実は、韋提希夫人をして極楽浄土を願わしめんがために現れた聖者の仮の姿であると考えられた。

凡愚底下《ぼんぐていげ》のつみひと　凡夫愚人罪悪深重《ぼんぶぐにんざいあくじんじゅう》の人びと。

逆悪《ぎゃくあく》　親殺しなど五つの悪事を五逆といい、身体、口、心などで行う十種の悪事を十悪という。逆悪とは五逆十悪を犯した大悪人（たち）のこと。

もらさぬ　例外なく。みな悉《ことごと》く。

誓願《せいがん》　阿弥陀如来が、一切の衆生《しゅじょう》を救わんとされる誓い、願い。

方便引入《ほうべんいんにゅう》　巧《たく》みな手段をもって引き入れること（韋提希夫人をして浄土を願わしめること）。

抄訳 観無量寿経 ②　（二二五頁）

定善《じょうぜん》　瞑想に入って、仏の世界を心に思い浮かべる修行のこと。『観経』では第一観が日想観《にっそうかん》、第二観が水想観《すいそうかん》、第三観が地想観《じそうかん》、第四観が樹想観《じゅそうかん》、第五観が八功徳水想観《はっくどくすいそうかん》、第六観が総観想《そうかんそう》、第七観が華座観《けざかん》、第八観が像想観《ぞうそうかん》、第九観が真身観《しんしんかん》、第十観が観音観《かんのんかん》、第十一観が勢至観《せいしかん》、第十二観が普観《ふかん》、第十三観が雑想観《ざっそうかん》。

[2]（二六頁）
五濁世《ごじょくせ》　劫濁《こうじょく》・見濁《けんじょく》・煩悩濁《ぼんのうじょく》・衆生濁《しゅじょうじょく》・命濁《みょうじょく》の五つに満ちている世の中。劫濁とは、時代が悪くなること。見濁とは、物の考え方が悪くなること。煩悩濁とは、欲、怒り、迷いなど悩みに満ちていること。衆生濁とは、人間の質が低下すること。命濁とは、人間の寿命が短くなること。

[3]（二七頁）
初観《しょかん》　仏の国の見方、つまり定善に十三通りある。その第一が西に沈む太陽を見るということ。それを日想観という（前頁「定善」の項を見よ）。

[6]（三〇頁）
三宝《さんぽう》　仏宝《ぶっぽう》、法宝《ほうぼう》、僧宝《そうぼう》の三つ。

[7]（三一頁）
念仏《ねんぶつ》　念仏とは、本来、仏のことを思って、常に忘れないこと。これを憶念《おくねん》という。また、仏のお姿を修行によって目のあたり思い浮べる、これを観念の念仏という（前頁「定善」の項を見よ）。しかし、これは大変難しいことなので、仏の名を称えるだけで良い、と言われる。こ

れを称名念仏《しょうみょうねんぶつ》という。

[8]（三二頁）

観音《かんのん》　観世音菩薩《かんぜおんぼさつ》のこと。観自在菩薩《かんじざいぼさつ》ともいう。阿弥陀如来の慈悲の面のお手伝いをする。

勢至《せいし》　大勢至菩薩《だいせいしぼさつ》。阿弥陀如来の智慧の面の手伝いをする。

住立空中尊《じゅうりゅうくうちゅうそん》　空中に、高く立っておられる仏様（阿弥陀如来）のこと。浄土真宗のご本尊は住立空中尊である。特に、御絵像は台座の下方からも光芒《こうぼう》が出ていて、これは空中に浮かんでいる蓮の花の上にお立ちになっている姿を表している。

[10]（三四頁）

摩尼《まに》　宝の珠。これを持っていると、思いのままに願いがかなう。摩尼宝珠《まにほうじゅ》ともいう。

金剛《こんごう》　ここでは、ダイヤモンドのこと。棍《こん》棒《ぼう》のような武器を意味することもある。例、執金剛神《しゅうこんごうしん》。

[11]（三五頁）

衆生《しゅじょう》　生きとし生けるもの、あらゆる生き物。有情《うじょう》ともいう。

[12]（三六頁）

妙鳥《みょうちょう》　極楽に住んでいる色とりどりの美しい鳥。

［14］（三八頁）

円光《えんこう》　頭の後ろの光。円い後光。

化仏《けぶつ》　仏の分身。

白毫《びゃくごう》　額の真ん中に生えている白い長い毛。長さは一メートル五十センチぐらい。普通は右回りにうず巻いておさまっている。仏像の場合は、しばしば水晶をはめ込んで白毫を表す。

五須弥山《やま》　須弥山《しゅみせん》の五倍の大きさ。インドの昔の宇宙観で、世界の中心にそびえる大きな山。その中腹の東西南北の山に四天王が住み、山の頂に帝釈天《たいしゃくてん》が住むと考えられた。その須弥山の周囲に世界があって、南側の世界が閻浮提《えんぶだい》、即ち、インドをはじめ私たちの住んでいる世界だと考えた。さらに、その四つの世界の外側にあると考えられた大海、それが四大海《しだいかい》である。

四大海《しだいかい》　須弥山世界の外側にある四つの大海。

［15］（三九頁）

天冠《かんむり》　菩薩が被っている宝冠。観音はその冠の中に、阿弥陀如来のお姿をいただく。

［16］（四〇頁）

（宝の）瓶《つぼ》　大勢至菩薩が宝冠の前にいただく宝の瓶。

[18]（四二頁）

身量無辺《しんりょうむへん》　阿弥陀如来の身体の大きさが、量り知れない程であること。

丈六像《じょうろくぞう》　阿弥陀如来は、身長一丈六尺（四・八メートル）、お座りになると八尺（二・四メートル）となって現れたまう。宇治の平等院《びょうどういん》や日野の法界寺《ほうかいじ》などのご本尊阿弥陀如来座像は身長が八尺で、これは一丈六尺の阿弥陀如来がお座りになっていることを表している。

[19]（四三頁）

神通如意《じんずうにょい》　神通というのは、神通力《じんずうりき》（超人的な能力）のこと。たとえば、天眼通《てんげんつう》＝すべてを見通す力。天耳通《てんにつう》＝何でも聞こえる力。他心智通《たしんちつう》＝人の心を読み取る力など。如意というのは、思いのままになること。

大身《だいしん》**・小身自在**《しょうしんじざい》**なり**　大身とは無限の大きさの身長、小身とは小さな身体のこと。本来は無限の大きさの仏だけれども、衆生が拝見しやすいように小さな姿にもなって現れること。

[20]（四四頁）

宿願力《しゅくがんりき》　仏が菩薩であったときからの願い。本願力《ほんがんりき》ともいう。

和讃（四六頁）

安楽仏土《あんらくぶつど》**の依正**《えしょう》**は……**　「極楽世界の国土も、人びとも、すべて法蔵菩薩《ほうぞうぼさつ》の願力によってでき上がったのである。まさに天《てん》上天下《じょうてんげ》に類例がない素晴らしさである。阿弥陀如来に帰依《きえ》いたしましょう」（『浄土和讃』「讃阿弥陀仏偈和讃《さんあみだぶつげわさん》」第二七）

依正《えしょう》　菩薩の修行が完成したとき、二つのものができ上がる。一つは菩薩が仏になること。この仏を正報《しょうほう》といい、二つには仏が建立される世界（世界、国土の上に仏は在《ま》しますのであるから）のことを依報《えほう》という。依報と正報とを合わせて依正という。ゆえに、阿弥陀如来や浄土に生れて仏となった人びと＝正報、極楽浄土＝依報である。

法蔵《ほうぞう》　法蔵菩薩のこと。法蔵菩薩が一切の衆生を救わんとの誓願を立て、その誓願の力によって、修行をして仏・阿弥陀如来となり、一切衆生のための極楽浄土を建立された。

大心力《だいしんりき》　大願心力《だいがんしんりき》、偉大な力を有する誓願の持ち主、つまり阿弥陀如来のこと。

帰命《きみょう》　帰依。尊敬してすべてを任せること。

安楽国土《あんらっこくど》の荘厳《しょうごん》は……　「極楽世界の素晴らしさは、お釈迦さまの比類ない弁説《べんぜつ》をもっしても、説き尽すことができないとお述べになった。（そのような極楽浄土を建立された）阿弥陀如来に帰依いたしましょう」

(『浄土和讃』「讃阿弥陀仏偈和讃」第二八)

安楽国土《あんらっこくど》　極楽浄土。

荘厳《しょうごん》　素晴らしいありさま、風光。

釈迦無碍のみこと《しゃかむげ》　お釈迦さまの比類なき弁説・説法。

無碍《むげ》　さえぎることができない。いかなるものも障碍《しょうがい》にならないこと。

みこと　御言、お言葉→みことのり。

無称仏《むしょうぶつ》　(その威徳を)言葉で表現することができないほど素晴らしい仏。阿弥陀如来のこと。

抄訳 観無量寿経 ③　(四八頁)

[1]　(四八頁)

九品《くぼん》　上品上生《じょうぼんじょうしょう》、上品中生《じょうぼんちゅうしょう》、上品下生《じょうぼんげしょう》、中品上生《ちゅうぼんじょうしょう》、中品中生《ちゅうぼんちゅうしょう》、中品下生《ちゅうぼんげしょう》、下品上生《げぼんじょうしょう》、下品中生《げぼんちゅうしょう》、下品下生《げぼんげしょう》。上品は大乗仏教を信じ、修行する人たち。中品上生と中生は、小乗仏教の人たち。中品下生は、一般社会の善人、下品は悪人たち。人のあり方を九種類に分けている。

[4]　(五一頁)

六つの心《むっこころ》　念仏《ねんぶつ》、念法《ねんぽう》、念僧《ねんそう》など六つの心。これを六念という。

[5]（五二頁）

迎摂《むかえしょう》　迎え摂《と》ること、摂取。通常は「迎《ごう》摂《しょう》」と読む。人が寿命を終えるときに、阿弥陀如来が観音・勢至等を従えて、臨終の人を迎え、摂取《せっしゅ》し（済《す》くい取っ）て浄土へ引導《いんどう》すること。来迎《らいごう》ともいう。ただし、浄土真宗では信心のある人は日頃から、み仏の光に包まれて生きており、臨終の来迎を待つことなく、命が終れば、直ちに極楽世界に往生することができると説く。

金剛台《こんごうだい》　ダイヤモンドでできた台座。

[6]（五三頁）

紫金の台《しこんのうてな》　紫金というのは、金の中でも紫色を帯びた最も美しい金のこと。

[8]（五五頁）

五戒《ごかい》　在家の仏教徒が守るべき戒律。①生き物を殺さないこと、②盗みをしないこと、③夫以外の男性、妻以外の女性と性的交渉をもたないこと、④うそをつかないこと、⑤酒を飲まないこと、の五項目を言う。

八斎戒《はっさいかい》　八斎戒とは、毎月8、14、15、23、29、30の六日間（六斎日《ろくさいじつ》）に一日一夜、在家の信者が守るべき八項目の戒律のこと。八戒斎《はっかいさい》ともいう。五戒③が、夫婦でも性的なまじわりをしないとなり、⑥香水などを身に塗らないこと、⑦歌や踊りなどを楽しまぬこと、⑧高く広いベッドに寝ないこと、の三項目を加えるが、⑥⑦を一項目にして、「正午以後には食事をしない」の一項目を加えることもある。

[9]（五六頁）
具足戒《ぐそくかい》　小乗仏教の全戒律。南アジアで信奉されている仏教では、比丘《びく》（男僧）は二百十七、比丘尼《びくに》（女僧）は三百十一、中国などに伝わった仏教では比丘は二百五十、比丘尼は三百四十一の項目がある。

[11]（五八頁）
命終《みょうじゅ》　臨終のこと。

善知識《ぜんぢしき》　善親友《ぜんしんぬ》ともいう。身近にあって、教え導く人。

[12]（五九頁）
戒律《かいりつ》　戒とは仏への道を歩む者の行為、修行のこと。シーラという。律とは教団人、特に僧侶としての規律のこと。ヴィナヤという。一般に戒と律とを合わせて戒律という。

[13]（六〇頁）
善き友《よきひと》　善知識・善親友のこと。

[16]（六三頁）
霊山《りょうぜん》　霊鷲山、耆闍崛山のこと（六九頁上段を見よ）。

無量《むりょう》　数え切れないほど多くの。

諸天《しょてん》　神々。

龍《りゅう》　インドの人びとが崇《あが》める大蛇。

夜叉《やしゃ》　薬叉《やくしゃ》、ヤクシャ（男）、ヤクシーまたはヤクシニー（女）という。樹に住んでいると思って、村人がお供物を捧げて豊作を祈った樹神。

和讃　（六五頁）

弘誓《ぐぜい》**のちからをかぶらずは……**　「阿弥陀如来の本願力のおかげを蒙《こうむ》らなかったならば、いつこの苦しみに満ちた世界を脱け出ることができようか（決してできはしない）。阿弥陀如来のご恩を深く思い感謝しつつ、常にお念仏いたしましょう」（『高僧和讃』「善導大師讃」第二五）

弘誓《ぐぜい》　阿弥陀如来が法蔵比丘（菩薩）と名のっておられた頃にお建てになった誓い。弘大な誓い。本願、本誓、弘願など、いろいろの表現を用いるが、意味は同じ。

娑婆《しゃば》　インドの古典語サンスクリットの〝サハ〟または〝サハー〟の音写。耐え忍ぶこと。この世はさまざまな苦難を耐え忍んで生きてゆかねばならぬ世界だから、〝サハーローカ〟（娑婆世界、耐え忍ぶ世界、堪忍土）と言われる。この世のこと。

娑婆《しゃば》**永劫**《ようごう》**の苦**《く》**をすてて……**　「この世の永い苦しみを捨て去って、お浄土に生れ、悟りの境地、つまり仏にならせていただく喜びを期待できるのは、我が師・お釈迦さまの力のおかげである。常にみ仏のご恩に感謝して暮らしましょう」

（『高僧和讃』「善導大師讃」第二六）

永劫《ようごう》　永遠の。

無為《むい》　有為に対する語。〝有為の奥山〟とは迷いの世界を言う。無為とは悟りの境地のこと。

期《ご》**する**　期待する。

本師《ほんし》　我が師。尊敬し親愛する先生。

長時《じょうじ》　永く、いついつまでも。常に。

慈恩《じおん》　大慈悲の恩。み仏のご恩。

回向句　（六七頁）

回向句《えこうく》　法要・勤行の結尾に唱える偈《げ》で、仏に対する感謝、誓いなどを表明する句。「願以此功徳《がんにしくどく》……」の四行一句のみを「回向」、他の同類の偈句を「回向句」と呼びならわしている。

ほとけのみ名《な》**を……**　親鸞聖人御作『浄土文類聚鈔《じょうどもんるいじゅしょう》』の結語「聞真実功徳《もんしんじつくどく》　獲無上信心《ぎゃくむじょうしんじん》　則得大慶喜《そくとくだいきょうき》　獲不退転地《ぎゃくふたいてんじ》」（真実の功徳を聞き、無上の信心を獲《う》れば、則《すなわ》ち大いなる慶喜《よろこび》を得、不退転の地〈位〉を獲るなり）の意訳。

なお、「聞真実……」の結語は『二門偈《にもんげ》

作法《さほう》』の回向句として依用《えよう》されている。

ほとけのみ名《な》　阿弥陀如来のお名前、仏《ぶつ》名《みょう》、名号。南無阿弥陀仏《なもあみだぶつ》のこと。

聞《き》きひらき　聞いて、よく理解すること。

こよなき信《しん》　み仏によって与えられた、無上の（このうえない）信心。

さとり　仏の境地。

「譜」の音の高さと長さについて

＊編著者紹介＊

豊 原 大 成（とよはら だいじょう）

昭和５年９月～令和４年１月。京都大学文学部（哲学科・仏教学）卒業、同大学大学院修士課程修了。インド、ベナレス・ヒンズー大学大学院博士課程。
浄土真宗本願寺派元総長、西宮・西福寺前住職。

著書 『親鸞の生涯』『釈尊の生涯』『真宗表白集』一・二（法蔵館）、『浄土真宗本願寺派入門聖典』（鎌倉新書）、『表白文例集』（同朋舎出版）、『建法幢』『仰法幢』（津村別院）、『図譜 声明集』上・下『葬儀・中陰勤行聖典』（聞真会）、『ジャータカのえほん』全５巻『おしゃかさま』全６巻『表白集』一・二『月忌表白集』『三帖和讃ノート 浄土和讃篇』『三帖和讃ノート 高僧和讃篇』『三帖和讃ノート 正像末和讃篇』『正信偈ハンドブック』『お釈迦さま最後の旅と葬儀』『仏弟子ものがたり』（自照社出版）、『浄土真宗本願寺派 日常勤行聖典』『抄訳 佛説無量寿経』『抄訳 佛説阿弥陀経』（自照社）ほか。

〈仏事・日常勤行〉
抄訳 佛説観無量寿経

2023年７月10日　第１刷発行

編訳者　豊 原 大 成
発行者　鹿 苑 誓 史
発行所　合同会社 自照社
〒520-0112 滋賀県大津市日吉台4-3-7
tel:077-507-8209 fax:077-507-9926
hp:https://jishosha.shop-pro.jp
印　刷　株式会社 図書印刷 同朋舎

ISBN978-4-910494-23-4 ¥600E